NIEMIECKI PRZEZ SKOJARZENIA

Magdalena Walas

Magdalena Walas
Niemiecki przez skojarzenia

ISBN: 978-3-7386-0276-0

© 2014 Magdalena Walas

Wszelkie prawa (w tym częściowy przedruk, częściowe lub kompletne odtwarzanie, zapisywanie na urządzeniach do przetwarzania danych, przekład) zastrzeżone.

Herstellung und Verlag: BoD – Books on Demand, Norderstedt
Printed in German

r. Schauspieler – aktor
SZAŁ – **SZPILA** aktora

....

tätig – aktywny, czynny
TEraz **TYŚ** był aktywny

....

e. Panne – awaria, uszkodzenie
Awarię naprawił **PAN** **E**dek

....

sehr – bardzo
Bardzo to zero bez O: **ZER**
Bardzo nie chcę mieć **ZER** na koncie

....

s. Fass – beczka
Beczka przy **FAS**adzie

....

ohne – bez
ONE są bez ubrania

....

sicher – bezpieczny, pewny
Z₀**SIA** jest bezpieczna**Y**

....

rennen – biec, pędzić
Biec po renie: **RENEN**

....

arm – biedny, ubogi
Biedny wtedy, gdy brak k**ARM**

e. Schlacht – bitwa, schlachten – zabijać, zarzynać
Bitwa ze **SZLACHT**ą

e. Brust – biust, pierś
Biust – chrust przez B: **BRUST**

r. Schmuck – biżuteria, ozdoba; schmücken – ozdabiać
Ozdoba ze **S(Z)M**a**K**iem
U

e. Bluse – bluzka
Bluzka w kolorze **BLU ZE** spódnicą

flehen [um] – błagać [o]
Te **FLEJE(N)** błagają o datek

reich – bogaty
Bogaty nie zazna **RAJ**u po **Ś**mierci

r. Gott – Bóg
Bóg od **GOT**ówki

r. Schmerz – ból; schmerzen – boleć
Ból: **SZMER C**iała

nehmen – brać, wziąć
Z zielo**NEJ MEN**nicy dolary **wziąć**

s. Tor – bramka, gol
TOR do bramki i gol!!

....

r. Bruder – brat
Brat – litera **B RUDA**

....

r. Bart – broda, bródka
BARTek ma brodę

....

e. Waffe – broń
WAFEL – broń na dzieci

....

r. Dreck – brud, błoto
Da**REK** lepi się do brudu

....

s. Ufer – brzeg
UFA wodzie tylko przy brzegu

....

r. Bauch – brzuch
U w Brzuchu Bacha to **BA(U)CH**

....

wecken – budzić; r. Wecker – budzik
Budzić na weke: **WEKEN**

....

s. Gewitter – burza
Burza **WITA GE**ologa
    2   1

r. Schuh – but
But **SZU**ra po **SZU**fladzie

....

sein – być
Być w modzie: di**ZAJN**

....

ganz – cały
Cały wypastowany na **GLANC**

....

r. Preis – cena
s**PRAJ Z** obniżoną ceną

....

wollen – chcieć
Chcieć mieć duże wole: **WOLEN**

....

s. Brot – chleb; rot – czerwony
Chleb to zarumienione B: **BROT**

....

kühl – chłodny
Chłodny od **KUL**

....

e. Wolke – chmura
Chmura burzowa dopadła **WiOLKE**

....

krank – chory
KRAN Kaszle – jest chory

....

r. Gang – chód, bieg, tok, korytarz
GANG biega po korytarzu

dünn – chudy, cienki
Chuda cyfra to je**DYN**ka

mager – chudy, o niskiej zawartości tłuszczu
MAGA do **chudego** rosołu

s. Tuch – chustka, ścierka, sukno
Chustka: **T** przy **UCH**u

listig – chytry
Chytry LIS zrobił **T**r**IK**

r. Körper – ciało
Ciało na rosół: **KUR PA**

eng – ciasny, wąski
Wąska ENKlawa

leise – cicho
LAJkonik **ZE** swoim orszakiem przeszedł **cicho** przez ulice Krakowa

r. Schatten – cień
Cień pada na **SZAT**y **EN**

e. Last – ciężar, obiążenie, ładunek;
lasten – obciążać
LAST minute to **obciążenie** dla mało spontanicznych

e. Tante – ciotka, ciocia
Ciotka w **TAN TE**raz idzie

täglich – codziennie
Codziennie **TEK**a **LIŚ**ci

r.,s. Bonbon – cukierek
BONBON – 2 bony na cukierek

e. Konditorei – cukiernia
Cukiernia **KONDI TO RAJ** dla łasucha

e. Mütze – czapka
Czapka **MU TSE** czoło

warten [auf] – czekać [na]
Czekać na wartę: **WARTEN**

r. Teil – część; teilen – dzielić
Część **TAJL**andii

fühlen – czuć
Czuć ful zapachów: **FULEN**

tun – czynić, robić
Czynić **TU N**ic

lesen – czytać
LEJ ZENka jak nie chce czytać

e. Dattel – daktyl, s. Date – randka
Daktyl **DA TEL**efon na randce

geben – dawać
GEJ BEN lubi dawać

zart – delikatny
Delikatny **CzART**

s. Brett – deska, półka
Deska utrzyma **BeRET**

r. Regen – deszcz
Deszcz to **REJ**a **GEN**

lang – długi
LANGusta to długi skorupiak

r. Kuli – długopis
Długopis przy **KULI**

pusten – dmuchać
Dmuchać w puste miejsce: **PUSTEN**

bis – [aż] do
BIS do końca koncertu

gut – dobry, dobrze
Dobry ko**GUT**

reif – dojrzały
Dojrzała Aneta – **RAJ** dla **F**aceta

---

s. Tal – dolina
TALon w dolinę

---

s. Haus – dom
HAU!**S**am pies chce do domu

---

kratzen – drapać
Drapać kraty we śnie: **KRATSEN**

---

s. Holz – drewno, drzewo
HOL Cały z drewna

---

r. Weg – droga
WEK – słoik na drodze

---

teuer – drogi, drogo
TO JA jestem drogi

---

r. Baum – drzewo
BAŁe**M** się stać pod drzewem

---

e. Tür – drzwi
TYRan u drzwi

---

r. Geist – duch, zjawa, umysł, rozum
GAJ STraszy, bo zamieszkuje go duch

schwül – duszno, parno
SZWY Ledwo dyszą, bo duszno

....

groß – duży
Duży **GROS**zek

....

r. Bahnhof – dworzec
P**AN HOF** jedzie na dworzec
B

....

r. Teppich – dywan
TE PIŚmienne zasady trzeba wrzucić pod dywan

....

e. Kinder – dzieci
Dzieci idą do **KIN(D)A**

....

r. Tag – dzień
TAK zaczynam dzień

....

heute – dziś, dzisiaj
A **HOJ!TE** powitania dzisiaj!

....

s. Loch – dziura
Dziura w **LOCH**u

....

r. Klang – dźwięk, ton
KLAN wydaje dźwięk **G**

e. Welle – fala
Fala zabrała WiELE

r. Sessel – fotel
Fotel ZE SELerem

r. Topf – garnek
Garnek na TOPie F kuchni

e. Gans – gęś
Gęś Hansa Andersena – GANS

tief – głęboki, głęboko
„Śniadanie u TIFfaniego" zapadło mi głęboko w pamięć

e. Stimme – głos
O SZ TY MEndo głos ci się wyostrzył

laut – głośno, według
LAŁ Trębacz głośno perkusję

r. Kopf – głowa
KOP F głowę

dumm – głupi, głupio
DUMa bywa głupia

r. Zorn – gniew, złość
Ze złości wieśniak był CORNy

heiß – gorący, gorąco
Gorąco od **HAJS**u

bitter – gorzki
Gorzki smak ma **BITA** cytryna

r. Gast – gość
Gość w **GAST**ronomii stoi na pierwszym miejscu

r. Berg – góra, wzniesienie
Góra gra w **BERK**a

spielen – grać; s. Spiel – gra
Grać na szpile: **SZPILEN**

r. Donner – grom, grzmot; donnern – grzmotnąć
Grom pogromił **DONA**tę

s. Grab – grób; r. Graben – rów; graben – kopać
Grób ktoś o**GRAB**ił

dick – gruby
Gruby **D**z**IK**

e. Birne – gruszka, żarówka; s. Bier – piwo
Nie piwo, a **gruszka**: **BIRNE**

r., s. Gummi – gumka
Gumka – gumowy **GUMI**ś

r. Stern – gwiazda
Gwiazda: **S(Z)TER N**a niebie

....

e. Schaukel – huśtawka; schaukeln – huśtać się
Huśtawka – **SZAŁ KEL**LY

....

gehen – iść
IŚĆ jak geje: **GEJEN**

....

s. Ei – jajko
AJ! Jajko się rozbiło

....

hell – jasny, jasno, widno
Na **HEL**u robi się jasno

....

e. Fahrt – jazda, przejazd, kurs; fahren – jechać
Jazda bez biletu to **FART**

....

fahren – jechać
Jechać po mydełko FA po renie: **FAREN**

....

elf – jedenaście
ELFów było jedenaście

....

r. Darm – jelito
Jelito za **DARM**o

....

noch – jeszcze
NOCHal puchnie jeszcze

essen – jeść
W mieście **ESSEN** można dobrze zjeść

....

e. Sprache – język
Język wciągnął **SZPRyCHE**
A

....

r. Kater – kac, kot
Kac jak **KATA**r męczący

....

e. Ente – kaczka
Kaczka to dwie litery: NT – **ENTE**

....

r. Stein – kamień
Einstein miał jeden kamień: **SZTAJN**

....

r. Hut – kapelusz
Kapelusz **HUT**nika

....

r. Kohl – kapusta
Kapusta nie **KOL**e

....

e. Strafe – kara; strafen – karać
mu**SZTRA** jest **FE**, bo jak kara

....

s. Blatt – kartka, liść
Baardzo gruba kartka to **BLAT**

r. Brei – kasza, mus, przecier, kleik, papka
B w **RAJ**u bo je kaszę

r. Husten – kaszel; husten – kaszleć
c**HUSTE(N)**czki na kaszel

lassen – kazać, zostawić, pozwalać
Kazać las ze snem połączyć: **LASSEN**

s. Bad – kąpiel, łazienka
BAT do kąpieli

e. Ecke – kąt, róg
EKi**E**rka ma 3 kąty

r. Daumen – kciuk
DAŁ MEN kciuka women

r. Lenker – kierownica;
lenken – kierować, prowadzić
LENKA za kierownicą
Prowadzić Lenke: **LENKEN**

s. Steuer – kierownica; steuern – kierować
SZTO JA robię za kierownicą?

r. Kunde – klient
KUNDEL – pieski klient

r. Steg – kładka
Kładka: mały mo**STEK**

...

legen – kłaść
Kłaść lej na gen: **LEJGEN**

...

e. Bahn – kolej, tor, bieżnia
BANdyta na **kolei**

...

bunt – kolorowy
Kolorowy nastolatek ma **BUNT**

...

s. Rad – koło, rower
Nie jestem **RAD**, że przebiłem **koło**

...

s. Ende – koniec, enden – kończyć się
Nie b**ENDE** i **koniec**!

...

s. Pferd – koń, r. Herd – kuchenka
Koń FERDek stoi na kuchence

...

r. Stau – korek uliczny
S(Z)TAŁ w **korku**

...

r. Flur – korytarz, przedpokój
FLo**R**a na **korytarzu**
U

e. Wurzel – korzeń
WÓR CELiny z korzeniami

r. Korb – kosz, koszyk
Kosz na **KORB**ę

e. Kirche – kościół
KIR SIE zakłada na pogrzeb w kościele

e. Katze – kot
KAT SE kota zabił

s. Land – kraj, państwo
Gren**LAND**ia – wyspa z krajem

kreisen – krążyć; r. Kreis – krąg
Krążyć wokół **KRAJ**u **ZEN**ka

s. Blut – krew; bluten – krwawić
B **LUT**uje tak, że krew leci

e. Kuh – krowa
KUU jak Muu robi krowa

kurz – krótki, krótko
Krótko trzymać s**KURC**zysyna

r. Stuhl – krzesło
SZTUr na krześle
L

․․

r. Schrei – krzyk; schreien – krzyczeć, wrzeszczeć
ma**SZ RAJ**, gdy brak krzyku

․․

s. Buch – książka
Książka w ruch – para **BUCH**

․․

r. Mond – księżyc
MONT Blanc – szczyt do księżyca

․․

r. Koch – kucharz; kochen – gotować
Kucharz **KOCH**a gotowanie

․․

e. Küche – kuchnia
KY SIE schowało w kuchni

․․

lahm – kulawy, sparaliżowany
Kulawa **LAM**a

․․

e. Kur – kuracja, leczenie
Kuracja dla **KUR**

․․

e. Jacke – kurtka, żakiet
JAKi**E** kurtki nosi Jacek?

e. Hühner – kury
Dwie **kury** prawie jak jedna k**UNA**
H

---

r. Staub – kurz
Kurz zbe**SZTAŁ** **B**iurko

---

sauer – kwaśny
Spojr**ZAŁA** z **kwaśną** miną

---

e. Blumen – kwiatki
kwiatki niebieskiego mężczyzny: **BLU MEN**

---

e. Puppe – lalka
Lalka ma małą **PUPE**

---

r. Wald – las
WALDek poszedł do **lasu**

---

r. Arzt – lekarz
Lekarz – **ARC**y **T**rudny zawód

---

faul – leniwy, leniwie
FAUL leniwie zatrzymał grę

---

lau – letni
LAŁ letni deszcz

e. Zahl – liczba, cyfra
CAL jest liczbą

....

r. Fuchs – lis
Lis miał **FUKS**a, bo uszedł z życiem

....

r. Brief – list
List uniósł **BR**e**W** ze zdziwienia
I

....

r. Kühlschrank – lodówka
kühl – chłodny, r. Schrank – szafa
Lodówka: chłodna szafa – **KYLSZRANK**

....

oder – lub, albo
ODA albo poemat

....

mögen – lubić
MY w **GEN**ach mamy lubić

....

s. Volk – lud, naród
FOLKlor dla ludu
Ludowy **FOLK**lor

....

brechen – łamać, pękać
Pękać z brechtu hien: **BRECHIEN**

e. Wiese – łąka
Na **łąkę** dostałem **WIZE**

---

s. Bett – łóżko
Łóżko dla niemowlaka – **BE**cik
T

---

r. Bogen – łuk, arkusz papieru
Łuk **BO GEN** skręcił

---

basteln – majsterkować
BASTEk lubi **majsterkować**
LN

---

e. Nudel – makaron
NUDna **EL**a gotuje **makaron**

---

malen – malować; e. Male – znamiona
MA LEN znamiona – to proszę **malować**

---

r. Affe – małpa
Małpa zrobiła **AFE**rę

---

wenig – mało, niewiele
Mało WENI Świąt

---

klein – mały, niski
Kevin **KLAJN** jest **mały**

e. Ehe – małżeństwo
W **małżeństwie** wi**EJE** chłodem

....

tot – martwy, zmarły
Martwa is**TOT**a

....

e. Butter – masło
Masło do **BUTA**

....

r. Stoff – materiał, tkanina, tworzywo
S(Z)TO% **materiału F materiale**

....

e. Mutter – matka, nakrętka
MU TA nakrętka matką była

....

s. Mehl – mąka
Mąka MELanii

....

übel – mdło, niedobrze, kiepsko
Jest mi **niedobrze**. Muszę odwiedzić k**IBEL**

....

e. Stadt – miasto
Karstadt to **miasto** bez kar: **SZTAT**

....

r. Ort – miejsce, miejscowość
k**ORT** to **miejsce** na grę

....

wohnen – mieszkać; e. Wohnung – mieszkanie
WON!**EN**ty raz mówię. Nie możesz tu **mieszkać**

25

e. Liebe – miłość; lieben – kochać
LIBacj**E** – spotkania na miłość

---

nett – miły
Miły kolega z **NET**u

---

trotz – mimo
Mimo **TROC**in

---

r. Honig – miód
Miód to miękki konik: **HONIK**

---

e. Milch – mleko
MYŚL o mleku!
2 1

---

jung – młody
Młody **JUN**a**K**

---

e. Mühle – młyn, młynek; e. Windmühle – wiatrak
Młyn **MYLE** z wiatrakiem

---

nass – mokry, zmoknięty
Mokry deszcz zmoczył **NAS**

---

e. Brücke – most
Po moście **BRYK**a **BRYK**a
        E   **E**

sagen, reden – mówić
Mówić za gena: **ZAGEN**
REJ do **DEN**ka chce mówić

...

e. Mauer – mur
MAŁA buduje mur

...

müssen – musieć
musi**MY SEN** zapamiętać

...

waschen – myć, umyć
WASZE Naczynia trzeba umyć

...

sich irren – mylić się
IRENa może się mylić

...

e. Maus – mysz, mysza
MAŁa my**S**zka

...

denken [an] – myśleć [o]
Myśleć o denku: **DENKEN**

...

r. Jäger – myśliwy
Myśliwy **JE GA**r dziczyzny

...

oben – na górze, u góry
O!**BEN** jest na górze!

treten – nadepnąć, nacisnąć
Nadepnąć na tren: **TRE(T)N**

e. Rüge – nagana; rügen – ganić
Naganę dostał, bo opuścił **RYGE**

nackt – nagi
Nagi **AKT**

e. Sucht – nałóg, uzależnienie
ZUCH Trawi **nałóg**

s. Zelt – namiot
CELTycki **namiot**

e. Droge – narkotyk
Narkotyk prowadzi na złą **DROGE**

e. Laune – nastrój
Nastrój poprawił k**LAUN(E)**

r. Lehrer – nauczyciel
LEJ wodę – **RA**ź **nauczyciela**

heißen – nazywać się
Nazywać się hajs: **HAJSEN**

reizen – nęcić, kusić, drażnić; r. Reiz – bodziec
RAJ CEN może **kusić**

blau – niebieski
o**BLAŁ** mnie **niebieskim** tuszem

....

r. Himmel – niebo
HIMalaje: **EL**dorado do **nieba**

....

r. Hass – nienawiść; hassen – nienawidzić
Nienawiść HASa wśród ludzi

....

nie – nigdy
NI pies, **NI** wydra – **NI**gdy nie będzie wiadomo

....

nie wieder – nigdy więcej
NI WIDAć, ni słychać – **nigdy więcej** próśb

....

nidrig – niski, nisko
Do **niskiej NID**y **RYŚ** wpadł

....

s. Bein – noga
Noga tańczy przy muzyce **BAJ**m
N

....

e. Nase – nos
NAs**ZE nos**y

....

neu – nowy
Nowe z**NOJ**e

s. Messer – nóż
NÓŻ jest w **MaSA**rni

E

egal – obojętny, obojętnie
E, **GAL**a jest mi obojętna

e. Bilder – obrazy
BIL DA obrazy na sprzedaż

r. Bürger – obywatel, mieszkaniec
Obywatel nie cham? **BURGER!**

e. Lust – ochota
Kobieta ma ciągłą ochotę spoglądać w **LUST**erko

e. Augen – oczy
AU!**GEN** atakuje oczy!

r. Atem – oddech
A TEMu oddech ustaje

r. Besuch – odwiedziny, wizyta;
besuchen – odwiedzać
Odwiedziny **BEZ UCH**a

bieten – oferować
Oferować **BITE N**osy

e. Gurke – ogórek
Ogórków mam sporą **GÓRKE**

r. Garten – ogródek
GAR TEN jest w ogródku

e. Dauer – okres, jakiś czas, trwanie;
dauern – trwać
DAŁA jakiś czas na zadanie

s. Öl – olej
w**YL**any olej

e. Nuss – orzech
Orzecha N**iÓS**ł w kieszeni

scharf – ostry
Ostra **SZARF**a

bekommen – otrzymać
Otrzymać **BE**znadziejną **KOMEN**dę

offen – otwarty
Otwarte fundusze w **OFE(N)**

s. Schaf – owca
Owca schowała się w **SZAF**ie

s. Obst – owoc, owoce
Owoc **OBST**aje przy swoim

....

e. Frucht – owoc, plon
FRU!**ŚT**ary **OWOC** spadł

....

e. Spinne – pająk; spinnen – prząść
Pająk lubi **S(Z)PIN**ani**E**

....

r. Finger – palec
FIN GAni palcem

....

r. Pass – paszport
Paszport w **PAS**zporcie

....

r. Nagel – paznokieć
Tips – paznokieć **NA GEL**

....

voll – pełny
Pełny **FOL**der

....

r. Schaum – piana
Piana – **SZAŁ** na **M**leku

....

r. Sand – piasek
Po piasku chodzę w **ZAND**ałach

r. Braten – pieczeń; braten – smażyć
BRAT ENty raz smaży pieczeń

e. Bäckerei – piekarnia
Piekarnia – raj dla pana Beke: **BEKERAJ**

e. Hölle – piekło
CHYLE czoła przed władcą piekła

r. Ring – pierścionek
Pierścionek walczy na **RING**u

r. Hund – pies
Pies to litera H jak Hau + niemieckie I: **HUND**

e. Petersilie – pietruszka
Pietruszka – **PETER**a **ZI**e**LE**

schön – piękny, pięknie
Piękna **SZYN**a

r. Stock – piętro
Pijany w **SZTOK** z trudem wszedł na piętro

r. Ball – piłka
Piłka to okrągły **BAL**

s. Lied – piosenka, pieśń
Piosenkę śpiewa **LID**ka

r. Keller – piwnica
Piwnica jak cela – **KELA**

....

s. Bier – piwo
BIe**R**z to piwo

....

r. Fleck – plama; beflecken – poplamić
Plama na **FLEK**u

....

r. Rücken – plecy
RYK KENa bo bolą go plecy

....

e. Datei – plik
Plik **DA TAJ**ne dane

....

zahlen – płacić
Płacić w calach: **CALEN**

....

flach – płaski
Płaski brzuch nie pije **FLACH**

....

e. Flocke – płatek
Płatek śniegu w**LOKE** saniami
F

....

e. Flamme – płomień
Płomień wznieci **FLAME**nco

schwimmen – pływać
Pływać ze **S(Z)WYM MEN**em

nach – po, do, według
NACHalny wrócił do domu po pięciu minutach

e. Nähe – pobliże; in der Nähe – w pobliżu
JEst w pobliżu sklep? **NE**!
2 1

r. Kuss – pocałunek; küssen – całować
KUSy pocałunek

s. Lob – pochwała; loben – chwalić
Pochwała rzucona wysokim **LOB**em

r. Zug – pociąg
CUG: dawniej zaprzęg koni, dziś niemiecki pociąg

trösten – pocieszać
Pocieszać Tristana Izoldą: **TRYSTEN**

r. Beginn – początek; beginnen – zaczynać
GIN jest **BE** na początek
2 1

e. Post – poczta
POSTój na poczcie

e. Steuer – podatek
SZTO?**JA** podatek płacę?!

---

r. Boden – podłoga, grunt, ziemia
Leżę na podłodze w **BOD**y
EN

---

e. Reise – podróż
Podróż – **RAJ ZE** śpiworem

---

s. Reisen – podróżowanie, reisen – podróżować
RAJ ZENka to podróżowanie

---

s. Kissen – poduszka
KI SEN miałem na tej poduszce

---

r. Hof – podwórze, dwór
Na podwórzu **CHOW**ają się kury

---

r. Dichter – poeta; dichten – pisać wiersze
w**IŚTA** wio – poeta woła do konia
D

---

s. Feld – pole
Pole **FEL(D)**ka

---

s. Wetter – pogoda
Na pogodę nikt nie ma **WETA**

s. Zimmer – pokój
CIf **MA** posprzątać pokój

e. Backe – policzek, backen – piec
Na policzku pieką się **BAK**i
E

e. Jagd – polowanie; jagen – polować
Na polowaniu nazbierał **JAG**óD

e. Hälfte – połowa
HEL W TE i wewte to połowa trasy

r. Mittag – południe, obiad
W południe **MI TAK** dobrze...

e. Tomate – pomidor
TO MA TEn pomidor

unter – poniżej, pod
Poniżej jest enter przez U: **UNTER**

e. Not – potrzeba
Potrzeba **NOT**atek

brauchen – potrzebować
BRAŁ HENio bo potrzebował

ernst – poważny
Poważny jest **ERN**e**ST**

....

e. Fläche – powierzchnia
Powierzchnia **F LESIE** jest pokryta runem

....

r. Roman – powieść
ROMAN czyta **powieść**

....

e. Luft – powietrze
LUFcik na **powietrze**
T

....

über – powyżej
r**YBA** skoczyła **powyżej** ch**YBA**

....

außer – poza
Br**AŁ SER poza** kontrolą

....

r. Brand – pożar
BRANDy pali jak **pożar**

....

begehren – pożądać
BE GEJ, RENię chce **pożądać**

....

spät – późno
SZPETny czas, jak **późno**!

arbeiten – pracować
Pracować na ar w bajtach: **ARBAJTEN**

...

r. Durst – pragnienie; dursten – mieć pragnienie
DUR STraszny jak pragnienie

...

e. Wäsche – pranie; waschen – prać, myć
Pranie teraz po**WiESZE**

...

fast – prawie
FAST food prawie gotowy

...

r. Strom – prąd
ko**SZT ROM**ka: prąd

...

gerade – prosto
Iść prosto z **GERA**r**DE**m

...

s. Pulver – proszek
Od proszku b**ULWA** wyszła **P**

...

e. Bitte – prośba, bitten – prosić
Prośba o **BITE** kotlety

...

r. Versuch – próba; versuchen – próbować
FER ZUCH, że przeszedł próbę sprawiedliwie

e. Dusche – prysznic; [sich] duschen – brać prysznic
DUSZE się pod prysznicem

s. Komma – przecinek
Przecinek zasnął. To **KOMA**

e. Kita – przedszkole
KITA – fryzura do przedszkola

kommen – przychodzić
Przychodzić z **KOMEN**dą

r. Spaß – przyjemność, żart
Ma**SZ PAS** i daj przyjemność

s. Beispiel – przykład
Przykład pożegnania: **BAJ SZPIL**ko

beispielhaft – przykładowo
BAJ SZPILko! przykładowo woła **HAFT**

holen – przynosić
Przynosić **HOLEN**derski ser

r. Fall – przypadek
Przypadek na **FAL**i

r. Führer – przywódca, przewodnik;
führen – prowadzić, kierować
FURA z przywódcą

....

leer – pusty, pusto
Pusty staje się k**LER**

....

e. Wüste – pustynia
Na pustyni **WYSTE**pują wielbłądy

....

e. Dose – puszka
Puszka z **DOZ**ownikiE m

....

fragen – pytać
Pytać o frak: **FRAGEN**

....

e. Frage – pytanie
Pytanie na wage – **FRAGE**

....

r. Rat – rada, porada; raten – radzić, poradzić
Rada na **RAT**y

....

e. Schulter – ramię
Ko**SZUL**a **TA** nie układa się na ramieniu

....

zusammen – razem
CÓż **ZA MEN** razem z Karmen!

r. Rest – reszta, resztka
RESz**T**a w reszcie

---

buchen – rezerwować; e. Buchung – rezerwacja
BU!**HEN** daleko nie można rezerwować

---

e. Hand – ręka, dłoń
Ręka to litera H i angielskie I: **HAND**

---

r. Arm – ręka, ramię
k**ARM**a z ręki nie dla lwa

---

r. Wurm – robak
WÓR Malin z robakami

---

machen – robić
Robić **MA HEN**io

---

e. Art – rodzaj
Rodzaj k**ART**

---

s. Jahr – rok
Rok to raj wspak: **JAR**
JARski rok

---

r. Bauer – rolnik
Za rolnika **BAŁA** się wyjść

wach – rozbudzony, żwawy, czuwający
Rozbudzony **WACH**larzem

e. Größe – rozmiar, wymiar
Rozmiar **GRY SE**rwerowej

erkennen – rozpoznać
Rozpoznać erke: **ERKENEN**

r. Fisch – ryba
FISZka z rybą

r. Ritter – rycerz
Na rycerza pasowała **RITA**

r. Markt – rynek
MARKa **T**elefonów najlepsza na rynku

r. Reis – ryż
Ryż – **RAJS**ki pokarm

s. Ding – rzecz
Rzecz **DING**a – kość

e. Sache – rzecz, sprawa
ZA HElę każdą rzecz oddam

r. Fund – rzecz znaleziona, odkrycie
Ten **FUNT** to rzecz znaleziona

r. Fluss – rzeka
Rzeka na plus: **FLUS**

r. Wagen – samochód, wagon, wóz
Samochód na wagę: **WAGEN**

s. Gericht – sąd, potrawa
GERI ŚTaje przed sądem i je potrawę

r. Nachbar – sąsiad
Sąsiad w s**NACH** – **BAR**

e. Treppe – schody
Po schodach idą **TREP**y
E

r. Traum – sen, marzenie, träumen – marzyć
Sen czasem jest **TRAUM**ą

r. Käse – ser
KEJZE idziesz? Do sera!

s. Herz – serce
Miara drgań serc: **HERC**

s. Heu – siano
Sianem obdarzył **HOJ**nie

s. Netz – sieć
Sieć: **NET Z** komputera

.....

s. Fell – sierść
Sierść **FEL**ka

.....

kräftig – silny, silnie, mocny, mocno
KREW TYŚ silnie tamował

.....

e. Kraft – siła
Siłę przebicia ma **KRAW**a**T**

.....

e. Schwester – siostra
Siostra po**SZWE STA**rła

.....

r. Schatz – skarb
SZACunek do skarbu

.....

r. Laden – sklep; laden – ładować
bin **LADEN** – jestem sklep

.....

e. Schale – skorupka, łupina, skórka, misa
Łupiny w misce połóż na **SZALE**

.....

e. Haut – skóra
Skóra z pieskich aut – **HAUT**

.....

s. Leder – skóra
LEJ, DAj w skórę

schwach – słaby
Słaby bo cały w **SZWACH**

süß – słodki, słodko
Słodki ZYSk

e. Sonne – słońce; sich sonnen – opalać się
Słońce spaliło moją **ZONE**

s. Wort – słowo
Słowo FORT nic nie **WORT**

hören – słyszeć, słuchać
Słyszeć chór syren: **HYREN**

r. Saft – sok
Sok z wódką to ostry haft: **ZAFT**

s. Salz – sól
Sól tańczy walca z radiem zet: **ZALC**

fallen – spadać
Spadać na fale: **FALEN**

eilen – spieszyć; e. Eile – pośpiech
AJ!**LEN** spieszy do żniw!

e. Hose – spodnie
c**HO**dź**ZE** w tych spodniach

blicken – spoglądać; r. Blick – spojrzenie
dia**BLI**, **KEN** spogląda na barbi

....

e. Ruhe – spokój, cisza;
ruhen – spoczywać, wypoczywać
Kotka nie ma spokoju – ma **RU**j**E**

....

s. Treffen – spotkanie; treffen – spotykać
Spotkanie szczęśliwym **TR**a**FE**m
E   **N**

....

r. Rock – spódnica
Spódnica tańczy **RO**c**K**a

....

alt – stary
Stara **ALT**ówka

....

s. Schiff – statek
SZYFr do statku

....

e. Mensa – stołówka
MENSA – inteligentna stołówka

....

r. Fuß – stopa
Stopa brudna od **FUS**ów

....

r. Tisch – stół
Pod stołem jest m**YSZ**, a k**YSZ**
T   **T**

47

e. Seite – strona
Patr**ZAJ** w **TE** stronę

r. Bach – strumień, potok
BACH utopił się w strumieniu

r. Brunnen – studnia, fontanna
Studnia **BRUN**ona **EN**

e. Decke – sufit, kołdra, koc, obrus
DEKo sufitu i kołdry
E

r. Erfolg – sukces; erfolgen – wynikać, następować
ERyk **FOLG**uje i odnosi sukces

roh – surowy
su**RO**wy

r. Sohn – syn
Syn **Z**en**ON**

satt – syty
Syty ma spory **ZAD**

r. Schrank – szafa
Szafa stanęła w **SZRANK**i z biurkiem

grau – szary
GRAŁ na szaro

---

e. Ratte – szczur, retten – ratować
Szczur przegryzł k**RATE**, by się ratować

---

s. Glas – szkło, szklanka, kieliszek, szklane naczynia
Twarde szkło do klas: **GLAS**

---

e. Schule – szkoła
SZU!**LE**ć do szkoły!

---

e. Kunst – sztuka
KUNa **ST**ara niezła sztuka

---

e. Schublade – szuflada
Ka**SZUB LADE** popchnął i szuflada wyszła

---

suchen – szukać
Szukać zucha: **ZUCHEN**

---

r. Hals – szyja, kark
Szyję skręcił na **HAL**i **S**portowej

---

e. Wand – ściana
WANDa stoi pod ścianą

---

blind – ślepy, niewidomy
B. LINDa jest ślepy

s. Lachen – śmiech, lachen – śmiać się
Śmiech – strachy na **LACH**y
EN

r. Müll – śmieci
Nie **MYL** ludzi ze śmieciami

e. Sahne – śmietana
Śmietana – zakwas**ZANE** mleko

s. Frühstück – śniadanie;
frühstücken – jeść śniadanie
FRU!SZTUKa mięsa przyfrunęła na śniadanie

r. Schnee – śnieg
stra**SZNEE** śniegi tej zimy

e. Mitte – środek, centrum
Centra **MI TE** w środek

s. Licht – światło
LIŚT rzucił nowe światło na sprawę

r. Tempel – świątynia
TEMPa **EL**a w świątyni modli się o mądrość

e. Kerze – świeca
Przy świeczce serce – **KERCE**

frisch – świeży, świeżo
Świeże FRYtki i **SZ**nycel

s. Fest – święto; fest – mocny, stały, silny
Święto z **FEST**iwalem i **mocnym** trunkiem

s. Schwein – świnia
ma**SZ FAJN**e mięso **świnio**

e. Pille – tabletka, pigułka
Tabletki jak małe bile – **PILE**

r. Teller – talerz
Na **talerzu** mam **TELA**

billig – tani, tanio
Tanim kosztem **BILI Ś**ię

r. Vater – tata
FATA to **tata** morgana

s. Fett – tłuszcz; fett – tłusty
Tłusty ser **FET**a

e. Tasche – torba, torebka
Podoba mi się **TA SZE**roka **torba**

e. Tüte – torebka
TY TE torebki zbieraj

e. Ware – towar
Towar z to**WARE**m

---

s. Gras – trawa
Po **trawie GRAS**uje kosiarka

---

e. Sorge – troska, zmartwienie
sorgen [für] – troszczyć się, dbać [o]
Troska Z ORGan**E**m

---

s. Gift – trucizna, jad; vergiften – truć, otruć
Angielski prezent **GIFT** to **trucizna**

---

e. Mühe – trud; sich mühen – trudzić się
z **trudem MY**j**E** okna

---

halten – trzymać
Trzymać w lodówce **HAL**owe **TEN**isówki

---

hart – twardy, silny, ostry
twardy bo **HART**owany

---

r. Quark – twaróg
KWA!Ry**K** kaczki bo chce **twarogu**

---

e. Woche – tydzień
Tydzień z **W**ł**OCHE**m

s. Ohr – ucho
O Rety – **ucho** do mety!

---

r. Schlag – uderzenie, raz; schlagen - bić, uderzać
Szlag mnie trafił na **SZLAK**u

---

e. Straße – ulica
Ulica SZ... TRASE wyznacza

---

schräg – ukośny, skośny
SZREK ze **skośnym** okiem

---

s. Amt – urząd
Urząd Ad**M**inis**T**racyjny

---

r. Mund – usta
Usta w formie litery M + niemieckie I: **MUND**

---

links – w lewo, na lewo
LINK S lewego źródła

---

r. Kampf – walka, bój; kämpfen – walczyć
Walka – **KAMP**ania **F** akcji

---

e. Lippe – warga, usta
Warga całuje **LIPE**

---

wichtig – ważny, ważne
Ważny W ICH mniemaniu **TYŚ**

schmal – wąski, szczupły
Szczupły bez **SZMAL**u

früher – wcześniej
FRU!**JA** wcześniej wyfrunąłem

e. Wolle – wełna
Wełnę **WOLE** od nici

r. Eimer – wiadro
AJ!**MA** wiadro dziurę!

r. Wind – wiatr
Wiatr kołysze **WIND**ę

e. Gabel – widelec
GABi grabi wid**EL**ec

sehen – widzieć
Widzieć że jeno: **ZEJEN**

r. Abend – wieczór
A wieczorem **BĘD**ę w obłędzie

s. Alter – wiek
Wiek p**ALTA**

treu – wierny
TROJa – miasto wiernych
Wierny zostaje w s**TROJ**u

r. Bohrer – wiertło; bohren – wiercić, borować
Dwa wiertła zamieszkują wyspę **BORA BORA**

glauben – wierzyć; r. Glaube – wiara;
s. Laub – liście
GLAŁ BEN na liściach bez wiary w wymowę R

hängen – wieszać, powiesić
Powiesić **HEN**ia za **GEN**italia

s. Dorf – wieś
DORota **F.** mieszka na wsi

r. Turm – wieża
TUR Ma rogi jak dwie wieże

r. Wolf – wilk
Wilk połknął **WOLF**ram

r. Lift – winda
LIFTing w windzie

bald – wkrótce
Wkrótce wróci Teo**BALD**

e. Haare – włosy
HAREm bez włosów

⋯⋯⋯⋯⋯⋯⋯⋯⋯⋯⋯⋯⋯⋯⋯⋯⋯⋯⋯⋯⋯⋯⋯⋯⋯⋯⋯⋯⋯⋯

s. Wasser – woda
Woda napoi **WAS, A** nas?

⋯⋯⋯⋯⋯⋯⋯⋯⋯⋯⋯⋯⋯⋯⋯⋯⋯⋯⋯⋯⋯⋯⋯⋯⋯⋯⋯⋯⋯⋯

r. Krieg – wojna
Na wojnie **KR**u**K** **KR**u**K**owi oka nie wykole
          I   I

⋯⋯⋯⋯⋯⋯⋯⋯⋯⋯⋯⋯⋯⋯⋯⋯⋯⋯⋯⋯⋯⋯⋯⋯⋯⋯⋯⋯⋯⋯

r. Wille – wola
Moja wola: postawić dwie **WILE**

⋯⋯⋯⋯⋯⋯⋯⋯⋯⋯⋯⋯⋯⋯⋯⋯⋯⋯⋯⋯⋯⋯⋯⋯⋯⋯⋯⋯⋯⋯

r. Sack – worek
ZAKaz wyrzucania worka!

⋯⋯⋯⋯⋯⋯⋯⋯⋯⋯⋯⋯⋯⋯⋯⋯⋯⋯⋯⋯⋯⋯⋯⋯⋯⋯⋯⋯⋯⋯

r. Ost(en) – wschód
OSTatnia karawana idzie na wschód

⋯⋯⋯⋯⋯⋯⋯⋯⋯⋯⋯⋯⋯⋯⋯⋯⋯⋯⋯⋯⋯⋯⋯⋯⋯⋯⋯⋯⋯⋯

ratsam – wskazany, stosowny
Ze wskazanych **RAD SAM** skorzystał

⋯⋯⋯⋯⋯⋯⋯⋯⋯⋯⋯⋯⋯⋯⋯⋯⋯⋯⋯⋯⋯⋯⋯⋯⋯⋯⋯⋯⋯⋯

zurück – wstecz, z powrotem
Wstecz: **CÓRY K**rok w tył

⋯⋯⋯⋯⋯⋯⋯⋯⋯⋯⋯⋯⋯⋯⋯⋯⋯⋯⋯⋯⋯⋯⋯⋯⋯⋯⋯⋯⋯⋯

e. Scham – wstyd; sich schämen – wstydzić się
S(Z)AM wstyd wystarczy

alle – wszyscy, wszystko
Wszyscy mają jakieś **ALE**

r. Onkel – wujek
Wujek ONKolog z **EL**bląga

e. Wahl – wybór; wählen – wybierać
WAL te **wybory**

r. Lohn – wypłata, płaca, wynagrodzenie, nagroda
Wypłata LONduje na koncie

hoch – wysoki, wysoko
Wysoki CHOCHoł

senden – wysyłać
Wysyłać ZENkowi **DEN**ka

s. Muster – wzór
Wzór MU STArczy

mit – z
MIT Z literą

r. West(en) – zachód
WESTern z **zachodu**

e. Wette – zakład; wetten – zakładać się
Wchodzisz **W(E) TE**n **zakład**?

r. Geruch – zapach, węch
Zapach **GE**rberów wprawia węch w **RUCH**

....

e. Pest – zaraza, dżuma
PESTka zarazy

....

ersetzen – zastąpić
Zastąpić eRZet w słowie sen: **ERZETSEN**

....

immer – zawsze
Zawsze **IMA** się różnych zadań

....

r. Zahn – ząb
pa**CAN** bez zęba

....

r. Satz – zdanie
Zdanie **ZAC**nego poligloty

....

e. Uhr – zegar(ek), godzina
Zegar **UR**wał godzinę

....

s. Heft – zeszyt
Nie **HEFT**aj na zeszyt!

....

verlieren – zgubić
Zgubić fer lira: **FERLIREN**

....

s. Korn – ziarno, zboże
Ziarno niszczy **KORN**ik

grün – zielony
Zielone GRY Na trawie

....

e. Erde – ziemia
Ziemia to litera R i D: **ERDE**

....

r. Bruch – złamanie; brechen – łamać
Gruch na **BR**z**UCH** i wyszło **złamanie**

....

fangen – złapać, łapać
FAN GENa chciał **złapać**

....

r. Ärger – złość, gniew; sich ärgern – złościć się
ER(G)A złości

....

böse – zły, rozgniewany
Zły na **B**r**YZE**

....

schlecht – zły, kiepski, źle
Zła SZLa**CHT**a
E

....

r. Kummer – zmartwienie, kłopot, troska
sich kümmern [um] – troszczyć się [o]
KUMA ma pełno **zmartwień**

....

kennen – znać
Znać Kena N.: **KENEN**

finden – znaleźć
FIN DENka nie mógł znaleźć

⋯⋯⋯⋯⋯⋯⋯⋯⋯⋯⋯⋯⋯⋯⋯⋯⋯⋯

bekannt – znany
BE wskoczyło na **KANT** i stało się znane

⋯⋯⋯⋯⋯⋯⋯⋯⋯⋯⋯⋯⋯⋯⋯⋯⋯⋯

wieder – znów
Znów coś **WIDA**ć

⋯⋯⋯⋯⋯⋯⋯⋯⋯⋯⋯⋯⋯⋯⋯⋯⋯⋯

binden – wiązać, związać
Wiązać przez bindowanie: **BINDEN**

⋯⋯⋯⋯⋯⋯⋯⋯⋯⋯⋯⋯⋯⋯⋯⋯⋯⋯

s. Tier – zwierzę
Zwierzę wpadło pod **TIR**

⋯⋯⋯⋯⋯⋯⋯⋯⋯⋯⋯⋯⋯⋯⋯⋯⋯⋯

e. Trauer – żałoba
TRw**AŁA** w żałobie

⋯⋯⋯⋯⋯⋯⋯⋯⋯⋯⋯⋯⋯⋯⋯⋯⋯⋯

e. Hitze – żar, gorąco
Żar – **HIT ZE** smażeniem

⋯⋯⋯⋯⋯⋯⋯⋯⋯⋯⋯⋯⋯⋯⋯⋯⋯⋯

e. Witze – żarty
WY muchy **TSE** lubicie żarty

⋯⋯⋯⋯⋯⋯⋯⋯⋯⋯⋯⋯⋯⋯⋯⋯⋯⋯

betteln – żebrać; s. Betteln – żebranina
BE TELefo**N**, jeśli ciągle musi żebrać

⋯⋯⋯⋯⋯⋯⋯⋯⋯⋯⋯⋯⋯⋯⋯⋯⋯⋯

leben – żyć; s. Leben – życie
LEJ BEN – nie daj żyć

Adres – die Adresse *[di adrese]*
Adwent – der Advent *[der advent]*
Agresja – die Aggression *[di agresjon]*
Agresywny – aggressiv *[agresiv]*
Akcent – der Akzent *[der akcent]*
Akcentować – akzentuieren *[akcentiren]*
Akceptacja – die Akzeptanz *[di akceptanc]*
Akceptować – akzeptieren *[akceptiren]*
Aktywność – die Aktivität *[di aktiwitejt]*
Akwarium – das Aquarium *[das akwarium]*
Album fotograficzny – das Fotoalbum *[das fotoalbum]*
Alkohol – der Alkohol *[der alkohol]*
Ananas – die Ananas *[di ananas]*
Aparat fotograficzny – der Fotoapparat *[der fotoaparat]*
Apetyt – der Appetit *[der apetit]*
Apetyczny – appetitlich *[apetitliś]*
Architekt – der Architekt *[der architekt]*
Argument – der Argument *[der argument]*
Argumentować – argumentieren *[argumentiren]*
Armia – die Armee *[di armee]*
Arogancja – die Arroganz *[di aroganc]*
Arogancki – arogant *[arogant]*
Aromatyczny – aromatisch *[aromatysz]*
Atmosfera – die Atmosphäre *[di atmosfejre]*
Auto – das Auto *[das auto]*
Autobus – der [Auto]bus *[der autobus]*
Automat – der Automat *[der automat]*
Automatyczny – automatisch *[automatysz]*
Bagatelizować – bagateliesieren *[bagateliziren]*
Balast – der Ballast *[der balast]*

Balkon – der Balkon *[der balkon]*
Ballada – die Ballade *[di balade]*
Balon – der Ballon *[der balon]*
Banan – die Banane *[di banane]*
Bandyta – der Bandit *[der bandit]*
Bank – die Bank *[di bank]*
Bar – die Bar *[di baa]*
Bariera – die Barriere *[di bariere]*
Benzyna – das Benzin *[das bencin]*
Beton – der Beton *[der beton]*
Betonować – betonieren *[betoniren]*
Biblioteka – die Bbliothek *[di bibliotek]*
Bikini – der Bikini *[der bikini]*
Biologia – die Biologie *[di biologi]*
Biuro – das Büro *[das bjuro]*
Blok – der Block *[der blok]*
Blokada – die Blockade *[di blokade]*
Bluzka – die Bluse *[di bluze]*
Body – der Body *[der bodi]*
Brokuł – der Brokkoli *[der brokoli]*
Budyń – der Pudding *[der pudink]*
Butelka – die Flasche *[di flasze]*
Cel – das Ziel *[das cil]*
Cela – die Zelle *[di cele]*
Cement – der Zement *[der cement]*
Cementować – zementieren *[cementiren]*
Centymetr – der/das Zentimeter *[der/das centimejta]*
Certyfikat – das Zertifikat *[das certifikat]*
Chaos – der Chaos *[der kaos]*
Charakter – der Charakter *[der karakta]*

Charakterystyczny – charakteristisch *[karakteristysz]*
Charakterystyka – die Charakteristik *[di karakteristik]*
Charakteryzować – charakterisieren *[karakteriziren]*
Chemia – die Chemie *[di chemi]*
Chemiczny – chemisch *[chemisz]*
Chirurg – der Chirurg *[der chirurk]*
Chór – der Chor *[der koor]*
Chroniczny (przewlekły) – chronisch *[kronisz]*
Cukier – der Zucker *[der Cuka]*
Cyferblat – das Zifferblatt *[das cyferblat]*
Cyfra – die Ziffer *[di cifa]*
Cykl – der Zyklus *[der cyklus]*
Cyrk – der Zirkus *[der cirkus]*
Cyrkiel – der Zirkel *[der cirkel]*
Cytryna – die Zitrone *[di citrone]*
Czekolada – die Schokolade *[di szokolade]*
Dach – das Dach *[das dach]*
Data – das Datum *[das datum]*
Deficyt – das Defizit *[das deficit]*
Definicja – die Definition *[di definicjon]*
Definiować – definieren *[definiren]*
Definitywny – definitiv *[definitiv]*
Deklaracja – die Deklaration *[di deklaracjon]*
Deklarować – deklarieren *[deklariren]*
Dekoracja – die Dekoration *[di dekoracjon]*
Dekorować – dekorieren *[dekoriren]*
Delfin – der Delphin *[der delfin]*
Delikatny – delikat *[delikat]*
Deprymować – deprimieren *[deprimiren]*

Deser – das Dessert *[das desert]*
Dezodorant – das Deo, Deodorant *[das deodorant]*
Diagram – das Diagramm *[das diagram]*
Dialekt – der Dialekt *[der dialekt]*
Dogmatyczny – dogmatisch *[dogmatysz]*
Doktor – der Doktor *[der doktor]*
Dramat – das Drama *[das drama]*
Dramatyczny – dramatisch *[dramatysz]*
Drops – der/das Drops *[der/das drops]*
Druk – der Druck *[der druk]*
Drukować – drucken *[druken]*
Durszlak – der Durchschlag *[der durszlak]*
Dyktando – das Diktat *[das diktat]*
Dyktować – diktieren *[diktiren]*
Dylemat – das Dilemma *[das dilema]*
Dyplom – das Diplom *[das diplom]*
Dyplomatyczny – diplomatisch *[diplomatysz]*
Dyrektor – der Direktor *[der direktor]*
Dyskusja – die Diskussion *[di diskusion]*
Dyskutować – diskutieren *[diskutiren]*
Dystans – die Distanz *[di distanc]*
Dystansować – distanzieren *[distanciren]*
Dżinsy – die Jeans *[di dżins]*
Efekt – der Effekt *[der efekt]*
Efektywność – die Effektivität *[di efekiwitejt]*
Efektywny – effektiv *[efektiv]*
Eksport – der Export *[der eksport]*
Eksportować – exportieren *[eksportiren]*
Elegancja – die Eleganz *[di eleganc]*
Elegancki – elegant *[elegant]*

Elokwencja – die Eloquenz *[di elokwenc]*
Elokwentny – eloquent *[elokwent]*
Emigracja – die Emigration *[di emigracjon]*
Emigrować – emigrieren *[emigriren]*
Emocja – die Emotion *[di emocjon]*
Emocjonalny – emotional *[emocjonal]*
Energia – die Energie *[di energi]*
Energiczny – energisch *[energisz]*
Etap – die Etappe *[di etape]*
Fabryka – die Fabrik *[di fabrik]*
Fantastyczny – fantastisch *[fantastysz]*
Fantazja – die Fantasie *[di fantazi]*
Fantazjować (o) – fantasieren (von) *[fantaziren (fon)]*
Farba, kolor – die Farbe *[di farbe]*
Fasada – die Fassade *[di fasade]*
Fatalny, fatalnie – fatal *[fatal]*
Faza – die Phase *[di faze]*
Fenomen – das Pfänomen *[das fenomen]*
Fenomenalny – phänomenal *[fenomenal]*
Ferie – die Ferien *[di ferien]*
Fikcja – die Fiktion *[di fikcjon]*
Film – der Film *[der film]*
Fizyka – die Physik *[di fyzik]*
Flaga – die Flagge *[di flage]*
Flegmatyczny – phlegmatisch *[flegmatysz]*
Fliza – die Fliese *[di flize]*
Flizować – fliesen *[flizen]*
Forma – die Form *[di form]*
Formować – formen *[formen]*
Formularz – das Formular *[das formulaa]*

Frak – der Frack *[der frak]*
Fraza – die Phrase *[di fraze]*
Fundament – das Fundament *[das fundament]*
Funkcja – die Funktion *[di funkcjon]*
Funkcjonować – funktionieren *[funkcjoniren]*
Gala – die Gala *[di gala]*
Garaż – die Garage *[di garaże]*
Gaz – das Gas *[das gas]*
Generalizować – generalisieren *[generalizieren]*
Generalny – generell *[generel]*
Geografia – die Geografie *[di geografi]*
Gitara – die Gittarre *[di gitare]*
Graficzny – grafisch [grafisz]
Grafika – die Grafik *[di grafik]*
Gramatyka – die Grammatik *[di gramatik]*
Granica – die Grenze *[di grence]*
Graniczyć – grenzen *[grencen]*
Gratulacje – die Gratulation *[di gratulacjon]*
Gratulować – gratulieren *[gratuliren]*
Grill – der Grill *[der gril]*
Grillować – grillen *[grilen]*
Grupa – die Gruppe *[di grupe]*
Grypa – die Grippe *[di gripe]*
Gwarancja – die Garantie *[di garanti]*
Gwarantować – garantieren *[garantiren]*
Handel – der Handel *[der handel]*
Handlować – handeln *[handeln]*
Hartować – härten *[herten]*
Hełm – der Helm *[der helm]*
Histeryczny – hysterisch *[hysterisz]*

Hobby – das Hobby *[das hobi]*
Hormon – das Hormon *[das hormon]*
Horyzont – der Horizont *[der horicont]*
Idealny – ideal *[ideal]*
Identyczny – identisch *[identisz]*
Identyfikacja – die Identifikation *[di identifikacjon]*
Identyfikować – identifizieren *[identificiren]*
Ignorancja – die Ignoranz *[di ignoranc]*
Ignorancki – ignorant *[ignorant]*
Ilustracja – die Illustration *[di ilustracjon]*
Imigracja – die Immigration *[di imigracjon]*
Imponować – imponieren *[imponiren]*
Import – der Import *[der import]*
Importować – importieren *[importiren]*
Impuls – der Impuls *[der impuls]*
Infantylny – infantil *[infantil]*
Informacja – die Information *[di informacjon]*
Informować (o) – informieren (über) *[informiren (yba)]*
Intensywny – intensiv [intensiv]
Interesować się – interessieren sich (für)
                    [interesiren zyś (fyr)]
Interesujący – interessant *[interesant]*
Internet – das Internet *[das internet]*
Intuicja – die Intuition *[di intuicjon]*
Inwestować – investieren *[inwestiren]*
Inwestycja – die Investition *[di inwesticjon]*
Inżynier – der Ingenieur *[der inżeniuua]*
Ironia – die Ironie *[di ironi]*
Ironiczny – ironisch *[ironisz]*

Ironizować – ironisieren *[ironiziren]*
Jacht – die Jacht/Yacht *[di jacht]*
Jogurt – der Yoghurt *[der jogurt]*
Kakao – der Kakao *[der kakao]*
Kalendarz – der Kalender *[der kalenda]*
Kamera – die Kamera *[di kamera]*
Kant – die Kante *[di kante]*
Kapować, kumać – kapieren *[kapiren]*
Karta – die Karte *[di karte]*
Katar – der Katarr *[der katar]*
Kategoryczny – kategorisch *[kategorysz]*
Kawa – der Kaffee *[der kafee]*
Kawiarnia – das Café *[das kafee]*
Kelner – der Kellner *[der kelna]*
Kino – das Kino *[das kino]*
Kitel – der Kittel *[der kitel]*
Kiwi – die Kiwi *[di kiwi]*
Klasa – die Klasse *[di klase]*
Klimat – das Klima *[das klima]*
Klimatyczny – klimatisch *[klimatysz]*
Knajpa – die Kneipe *[di knajpe]*
Kolega – der Kollege *[der kolege]*
Koleżanka – die Kollegin *[di kolegin]*
Kombinacja – die Kombination *[di kombinacjon]*
Kombinować – kombinieren *[kombiniren]*
Kompleksowy, złożony – komplex *[kompleks]*
Kompletność – die Komplettheit *[di komplethajt]*
Kompletny – komplet *[komplet]*
Kompletować – komplettieren *[kompletiren]*
Komplikacja – die Komplikation *[di komplikacjon]*

Komplikować – komplizieren *[kompliciren]*
Komputer – der Computer *[der kompjuta]*
Komunikacja – die Kommunikation *[di komunikacjon]*
Komunikować – kommunizieren *[komuniciren]*
Koncentracja – die Konzentration *[di koncentracjon]*
Koncentrować się (na) – konzentrieren sich (auf) *[koncentriren zyś (auf)]*
Konferencja – die Konferenz *[di konferenc]*
Konfitura – die Konfitüre *[di konfityre]*
Konflikt – der Konflikt *[der konflikt]*
Konstruować – konstruieren *[konstruiren]*
Konsument – der Konsument [der konzument]
Konsumować – konsumieren [konzumiren]
Konsumpcja – der Konsum [der konzum]
Kontakt – der Kontakt *[der kontakt]*
Kontrola – die Kontrolle *[di kontrole]*
Kontrolować – kontrollieren *[kontroliren]*
Kontrowersja – die Kontroverse *[di kontrowerze]*
Kontrowersyjny – kontrovers *[kontrowers]*
Kopiować – kopieren *[kopiren]*
Korekta – die Korrektur *[di korektua]*
Korespondencja – die Korrespondenz *[di korespondenc]*
Korespondować – korrespondieren *[korespondiren]*
Korumpować – korrumpieren *[korumpiren]*
Korupcja – die Korruption *[di korupcjon]*
Korygować – korrigieren *[korigiren]*
Kostium – das Kostüm *[das kostjum]*
Kotlet – das Kotelett *[das kotelet]*
Krawat – die Krawatte *[di krawate]*
Kreacja – die Kreation *[di kreacjon]*

Kreatywność – die Kreativität *[di kreatiwitejt]*
Kreatywny – kreativ *[kreativ]*
Kreda – die Kreide *[di krajde]*
Kredyt – der Kredit *[der kredit]*
Kredytować – kreditieren *[kreditiren]*
Krem – die Creme *[di krem]*
Kremować – eincremen *[ajnkremen]*
Krytyczny – kritisch *[kritisz]*
Krytyka – die Kritik *[di kritik]*
Krytykować – kritisieren *[kritiziren]*
Kurort – der Kurort *[der kurort]*
Kurs – der Kurs *[der kurs]*
Kuzyn – der Cousin *[der kuzin]*
Kwadrat – das Quadrat *[das kwadrat]*
Kwit – die Quittung *[di kwitunk]*
Lampa – die Lampe *[di lampe]*
Linia – die Linie *[di linie]*
Linijka – das Lineal *[das lineal]*
Lista – die Liste *[di liste]*
Literacki – literarisch *[literarisz]*
Literatura – die Literatur *[di literatua]*
Logiczny – logisch *[logisz]*
Logika – die Logik *[di logik]*
Lokal – das Lokal *[das lokal]*
Lokalny – lokal *[lokal]*
Maj – der Mai *[der mai]*
Mango – die Mango *[di mango]*
Manatki, klamoty, ciuchy – die Klamotten *[di klamoten]*
Manipulacja – die Manipulierung *[di manipulirunk]*

Manipulować – manipulieren *[manipuliren]*
Marker – der Marker *[der marker]*
Marmolada – die Marmelade *[di marmelade]*
Masa – die Masse *[di mase]*
Maska – die Maske *[di maske]*
Maszyna – die Maschine *[di maszine]*
Matematyka – die Mathematik *[di matematik]*
Materiał – das Material *[das material]*
Medytacja – die Mediation *[di meditacjon]*
Medytować – meditieren *[meditiren]*
Melon – die Melone *[di melone]*
Mentalność – die Mentalität *[di mentalitejt]*
Metal – das Metall *[das metal]*
Metoda – die Methode *[di metode]*
Metr – der/das Meter *[der/das Mejta]*
Migracja – die Migration *[di migracjon]*
Mina – die Miene *[di mine]*
Minuta – die Minute *[di minute]*
Moda – die Mode *[di mode]*
Modny – modisch *[modisz]*
Mokasyny – die Mokassins *[di mokasins]*
Moment – der Moment *[der moment]*
Monitor – der Monitor *[der monitooa]*
Motor, silnik – der Motor *[der motooa]*
Motywacja – die Motivation *[di motiwacjon]*
Motywować – motivieren *[motiwiren]*
Musli – das Müsli *[das mysli]*
Muzeum – das Museum *[das muzeum]*
Muzyka – die Musik *[di muzik]*
Naturalność – die Natürlichkeit *[di natyrliśkajt]*

Naturalny – natürlich *[natyrliś]*
Negacja – die Negation *[di negacjon]*
Negatywny – negativ *[negativ]*
Negować – negieren *[negiren]*
Nektarynka – die Nektarine *[di nektarine]*
Nerwowy – nervös *[nerwyys]*
Niuans – die Nuance *[di niuans]*
Normalny – normal *[normal]*
Nota – die Note *[di note]*
Notarialny – notariell *[notariel]*
Notariat – das Notariat *[das notariat]*
Notariusz – der Notar *[der notaar]*
Notatka – die Notiz *[di notic]*
Notoryczny – notorisch *[notorysz]*
Notować – notieren *[notiren]*
Nudysta – der Nudist *[der nudist]*
Nuklearny – nuklear *[nuklear]*
Numer – die Nummer *[di numa]*
Obiektywizować – objektivieren *[objektiwiren]*
Obiektywny – objektiv *[objektiv]*
Okulary – die Brille *[di brile]*
Optyczny – optisch *[optisz]*
Optyk – der Optiker *[der optika]*
Optyka – die Optik *[di optik]*
Organ – das Organ *[das organ]*
Organizacja – die Organisation *[di organizacjon]*
Organizm – der Organismus *[der organizmus]*
Organizować – organisieren *[organiziren]*

Orientacja – die Orientierung *[di orientirunk]*
Orientować się – sich orientieren *[zyś orientiren]*
Osobny – separat *[zeparat]*
Paleta – die Palette *[di palete]*
Palma – die Palme *[di palme]*
Panika – die Panik *[di panik]*
Pantofel – der Pantoffel *[der pantofel]*
Papier – das Papier *[das papir]*
Papryka – der Paprika *[der paprika]*
Para – das Paar *[das paar]*
Paragraf – der Paragraph *[der paragraf]*
Park – der Park *[der park]*
Parkować – parken *[parken]*
Partia – die Partie *[di parti]*
Partner – der Partner *[der partna]*
Party – die Party *[di parti]*
Pasta – die Paste *[di paste]*
Patent – das Patent *[das patent]*
Patentować – patentieren *[patentiren]*
Pauza, przerwa – die Pause *[di pauze]*
Pech – das Pech *[das pech]*
Pedał – das Pedal *[das pedal]*
Pedant – der Pedant *[der pedant]*
Pedantyczny – pedantisch *[pedantysz]*
Peleryna – die Pelerine *[di pelerine]*
Perfekcja – die Perfektion *[di perfekcjon]*
Perfekcyjny – perfekt *[perfekt]*
Perfum – das Perfüm *[das perfyym]*
Pianino – das Pianino *[das pianino]*
Pianista – der Pianist *[der pianist]*

Pikantny – pikant *[pikant]*
Pilot – der Pilot *[der pilot]*
Plac – der Platz *[der plats]*
Plan – der Plan *[der plan]*
Plaster – das Pflaster *[das pflasta]*
Policja – die Polizei *[di policaj]*
Polityk – der Politiker *[der politika]*
Polityka – die Politik *[di politik]*
Pompa – die Pumpe *[di pumpe]*
Popularność – die Popularität *[di popularitejt]*
Popularny – populär *[populeer]*
Popularyzować – popularisieren *[populariziren]*
Potencja – die Potenz *[di potenc]*
Potencjał – das Potenzial *[das potencjal]*
Pozycja – die Position *[di pozicjon]*
Pozycjonować – positionieren *[pozicjoniren]*
Pozytywny – positiv *[pozitiv]*
Praktyczny – praktisch *[praktysz]*
Prasa – die Presse *[di prese]*
Precel – die Brezel *[di brecel]*
Precyzja – die Präzision *[di precizjon]*
Premia – die Prämie *[di premie]*
Prewencyjny, zapobiegawczy – präventiv *[prewentiv]*
Prezydent – der Präsident *[der president]*
Problem – das Problem *[das problem]*
Problematyczny – problematisch *[problematysz]*
Procedura – die Prozedur *[di proceduua]*
Procent – das Prozent *[das procent]*

Proces – der Prozess *[der proces]*
Produkcja – die Produktion *[di produkcjon]*
Produkować – produzieren *[produciren]*
Produkt – das Produkt *[das produkt]*
Produktywny – produktiv *[produktiv]*
Profesor – der Professor *[der profesoa]*
Profil – das Profil *[das profil]*
Program – das Programm *[das program]*
Programować – programmieren *[programiren]*
Projekt – das Projekt *[das projekt]*
Prospekt – der/das Prospekt *[der/das prospekt]*
Protest – der Protest *[der protest]*
Protestować – protestieren *[protestiren]*
Prowincja – die Provinz *[di prowinc]*
Prowokacja – die Provokation *[di prowokacjon]*
Prowokacyjny – provokant *[prowokant]*
Prowokować – provozieren *[prowociren]*
Próba – die Probe *[di probe]*
Publicysta – der Publizist *[der publicist]*
Publiczność – das Publikum *[das publikum]*
Publikacja – die Publikation *[di publikacjon]*
Punkt – der Punkt *[der punkt]*
Puzzle – das Puzzle *[das pazel]*
Rabat – der Rabatt *[der rabat]*
Radar – der/das Radar *[der/das radar]*
Radio – das Radio *[das radio]*
Rama – der Rahmen *[der ramen]*
Rata – die Rate *[di rate]*
Reagować – reagieren *[reagiren]*
Reakcja – die Reaktion *[di reakcjon]*

Realizacja – die Realiesierung *[di realizirunk]*
Realizować – realisieren *[realiziren]*
Realny – real *[real]*
Recepcja – die Rezeption *[di recepcjon]*
Recepta – das Rezept *[das recept]*
Receptura – die Rezeptur *[di receptua]*
Referat – das Referat *[das referat]*
Referencja – die Referenz *[di referenc]*
Reforma – die Reform *[di reform]*
Regał – das Regal *[das regal]*
Region – die Region *[di region]*
Regionalny – regional *[regional]*
Regularny – regulär *[reguler]*
Regulator – der Regulator *[der regulatooa]*
Regulować – regeln *[rejgeln]*
Reguła – die Regel *[di rejgel]*
Relatywny, względny – relativ *[relativ]*
Religia – die Religion *[di religion]*
Religijny – religiös *[religiys]*
Renta – die Rente *[di rente]*
Respekt – der Respekt *[der respekt]*
Respektować – respektieren *[respektiren]*
Restauracja – das Restaurant *[das restorant]*
Reszta – der Rest *[der rest]*
Rewizja – die Revision *[di rewizjon]*
Rezultat – das Resultat *[das rezultat]*
Rola – die Rolle *[di role]*
Romantyczny – romantisch *[romantysz]*
Róża – die Rose *[di roze]*
Rutyna – die Routine *[di rutine]*

Rytm – der Rhythmus *[der rytmus]*
Rytmiczny – rhythmisch *[rytmisz]*
Ryzyko – das Risiko *[das riziko]*
Ryzykować – riskieren *[riskiren]*
Ryzykowny – riskant *[riskant]*
Rzeczywistość – die Realität *[di realitejt]*
Rzeczywisty – real *[real]*
Sala – der Saal *[der zaal]*
Salon – der Salon *[der zalon]*
Sałata – der Salat *[der zalat]*
Sandały – die Sandalen *[di zandalen]*
Schematyczny – schematisch *[szematysz]*
Selektywny – selektiv *[selektiv]*
Seler – der Sellerie *[der zeleri]*
Semestr – das Semester *[das zemesta]*
Serwetka – die Serviette *[di zerwiete]*
Skandal – der Skandal *[der skandaal]*
Skomplikowany – kompliziert *[komplicirt]*
Skoncentrowany – konzentriert *[koncentrirt]*
Skrupuły – die Skrupel *[di skrupel]*
Sofa – das Sofa *[das Zofa]*
Spacerować – spazieren *[szpaciren]*
Spagetti – die Spaghetti *[di szpageti]*
Specjalność – die Spezialität *[di szpecialitejt]*
Specjalny – speziell *[szpecjel]*
Spontaniczny – spontan *[szpontan]*
Spryskiwać, wstrzykiwać – spritzen *[szpritsen]*
Stacja – die Station *[di sztacjon]*
Stacjonarny – stationär *[sztacjoner]*
Stadion – das Stadion *[das sztadion]*

Stadium – das Stadium *[das sztadium]*
Stek – das Steak *[das steek]*
Strajk – der Streik *[der sztrajk]*
Strajkować – streiken *[sztrajken]*
Stres – der Stress *[der sztres]*
Stresować – stressen *[sztresen]*
Struktura – die Struktur *[di sztruktua]*
Student – der Student *[der sztudent]*
Studia – das Studium *[das sztudium]*
Studiować – studieren *[sztudiren]*
Subiektywny – subjektiv *[zubjektiv]*
Suma – die Summe *[di zume]*
Syfon – der Siphon *[der zifon]*
Sympatia – die Sympathie *[di zympati]*
Sympatyczny – sympatisch *[zympatysz]*
System – das System *[das zystem]*
Sytuacja – die Situation *[di zituacjon]*
Sytuować – situieren *[zituiren]*
Szal(ik) – der Schal *[der szal]*
Szampon – das Shampoo *[das szampu]*
Szef – der Chef *[der szef]*
Szlafrok – der Schlafrock *[der szlafrok]*
Sznur – die Schnur *[di sznuua]*
Sznycel – das Schnitzel *[das sznicel]*
Szorty – die Shorts *[di szorts]*
Szpinak – der Spinat *[der szpinat]*
Sztuka, kawałek – das Stück *[das sztyk]*
Szynka – der Schinken *[der szinken]*
Śmieszny – komisch *[komysz]*
T-shirt – das T-Shirt *[das tiszert]*

Taniec – der Tanz *[der tanc]*
Tańczyć – tanzen *[tancen]*
Tapeta – die Tapete *[di tapete]*
Taras – die Terrase *[di terase]*
Taxi – das Taxi *[das taksi]*
Teatr – das Theater *[das teata]*
Technika – die Technik *[di technik]*
Telefon – das Telefon *[das telefon]*
Temat – das Thema *[das tema]*
Tematyczny – thematisch *[tematysz]*
Temperatura – die Temperatur *[di temperatuua]*
Tendencja – die Tendenz *[di tendenc]*
Tenis – das Tennis *[das tenis]*
Termin – der Termin *[der termin]*
Termometr – das Thermometer *[das termomejta]*
Test – der Test *[der test]*
Toaleta – die Toilette *[di toilete]*
Ton – der Ton *[der ton]*
Tort – die Torte *[di torte]*
Tost – der Toast *[der toost]*
Totalny – total *[total]*
Tradycja – die Tradition *[di tradicjon]*
Tradycyjny – traditionell *[tradicjonel]*
Tragedia – die Tragödie *[di tragydi]*
Tragiczny – tragisch *[tragisz]*
Trywialny – trivial *[triwial]*
Tunika – die Tunika *[di tunika]*
Uniwersalny – universell *[uniwersel]*
Uniwersytet – die Universität *[di uniwersitejt]*
Urlop – der Urlaub *[der urlaub]*

Wafel, gofr – die Waffel *[di wafel]*
Waga – die Waage *[di wage]*
Wagon – der Waggon *[der wagon]*
Wódka – der Wodka *[der wotka]*
Zdjęcie – das Foto *[das foto]*
Zebra – das Zebra *[das cebra]*
Ziemniak – die Kartoffel *[di kartofel]*
Zupa – die Suppe *[di zupe]*